Mein Herz,

sei nicht beklommen

Gute Gedanken
an schweren Tagen

HERDER

FREIBURG · BASEL · WIEN

Abschied und Erinnerung

Ich bin sehr müde

Mein Fenster lehnt sich weit in den Abend hinaus,
die Wolken stehen über den Dächern, ein Blumenstrauß,
die Luft streichelt mich und ist sanft und voll großer Güte.
Ich aber halte die Hände gefaltet, denn ich bin müde,
und höre verwundert auf das beschwingte Schreiten
der Menschen, die auf der Straße vorübergleiten,
so sehr sind ihnen heute die Glieder leicht.
Nur ich liege, schwergebettet in meine Müde.
Manchmal höre ich einen Schritt, der deinem gleicht,
dann bin ich, Geliebter, wie die Musik der Schritte leicht
und wie die Wolken über den Dächern silberne Blüte.

Maria Luise Weissmann

Irgendwo blüht die Blume des Abschieds
und streut immerfort Blütenstaub,
den wir atmen, herüber;
auch noch im kommendsten Wind
atmen wir Abschied.

Rainer Maria Rilke

In allen Menschen liegt die Ahnung,
jenseits des Grabes die wiederzufinden, die
vorangegangen sind, und die um sich zu
versammeln, die nach uns übrig blieben.

Wilhelm von Humboldt

Wenn uns die Menschen verlassen oder verwunden,
so breitet ja noch immer der Himmel,
die Erde und der kleine blühende Baum
seine Arme aus und nimmt den Verletzten darin auf.

Jean Paul

Wir sind vom gleichen Stoff, aus dem die Träume
sind, und unser kurzes Leben ist eingebettet in einen
langen Schlaf.

William Shakespeare

Ihr, die ihr mich geliebt habt,
trauert nicht um das Leben, das ich beende,
sondern freut euch mit mir über das Leben,
das ich beginne.

Augustinus

Du kamst, du gingst mit leiser Spur,

ein flücht'ger Gast im Erdenland.

Woher? Wohin? Wir wissen nur:

Aus Gottes Hand, in Gottes Hand.

Ludwig Uhland

Mit jedem Menschen verschwindet
ein Geheimnis aus der Welt,
das vermöge seiner besonderen Konstruktion
nur er entdecken konnte,
und das nach ihm niemand wieder
entdecken wird.

Friedrich Hebbel

Wenn auch die Menschen sterblich sind,
die ich liebe,
so ist doch das unsterblich,
was ich an ihnen vor allem liebe.

Franz von Sales

Die Toten sind nicht fort, sie gehen mit.
Unsichtbar sind sie nur, unhörbar ist ihr Schritt.

Gorch Fock

Der Verstorbene ist, hält man
sein Angedenken in Ehren,
gegenwärtiger und mächtiger
als der Lebende.

Antoine de Saint-Exupéry

Einmal traf ich drei Bauern am Totenbett ihrer Mutter an. Schmerzlich, fürwahr. Ein zweites Mal war die Nabelschnur durchtrennt. Ein zweites Mal löste sich ein Knoten: der, der eine Generation mit der anderen verbindet. Diese drei Söhne waren nun allein, hatten alles noch zu lernen, waren der Tafel beraubt, um die sich die Familie an Festtagen versammelte, des Kerns, um den herum sie alle zusammenfanden. Doch wurde mir auch klar, dass ihnen durch diese Trennung ein zweites Mal das Leben gegeben wurde. Auch diese Söhne würden dereinst an der Spitze der Generationen stehen, würden zum Sammelpunkt werden, zu Patriarchen, bis zu dem Tag, an dem sie ihrerseits den Stab weitergeben würden an die Schar der Kleinen, die im Hof spielten.

Antoine de Saint-Exupéry

Der Tod ist kein Abschnitt des Daseins,
sondern nur ein Zwischenereignis,
ein Übergang aus einer Form des endlichen
Wesens in eine andere.

Wilhelm von Humboldt

Und meine Seele spannte
weit ihre Flügel aus,
flog durch die stillen Lande,
als flöge sie nach Haus.

Joseph von Eichendorff

Wo?

Wo wird einst des Wandermüden
letzte Ruhestätte sein?
Unter Palmen in dem Süden?
Unter Linden an dem Rhein?

Werd' ich wo in einer Wüste
eingescharrt von fremder Hand?
Oder ruh' ich an der Küste
eines Meeres in dem Sand?

Immerhin mich wird umgeben
Gottes Himmel dort wie hier,
und als Totenlampen schweben
nachts die Sterne über mir.

Heinrich Heine

Denn wir wissen, dass wir, wenn
unser irdisches Wohnzelt abgebrochen
wird, einen Bau von Gott empfangen,
ein nicht von Händen errichtetes,
ewiges Haus im Himmel.

Die Bibel, 2. Korinther 5,1

Er wird jede Träne von ihren Augen
abwischen und es wird keinen Tod
mehr geben; auch keine Trauer, keine
Klage, keine Mühsal wird es mehr geben;
denn das Frühere ist vergangen.

Die Bibel, Offenbarung des Johannes, 21,4

Herr, dir in die Hände
sei Anfang und Ende,
sei alles gelegt!

Eduard Mörike

Ich bin nicht tot.
Ich tausche nur die Räume.
Ich leb' in euch
und geh' durch eure Träume.

Michelangelo Buonarroti

Lebendes und Totes,
Wachendes und Schlafendes,
Junges und Altes
sind eins.
Denn das eine wandelt
sich ins andre –
und das andre zurück in das vorige.

Heraklit

Der Tod hat keine Bedeutung. Ich hab mich nur
ins nächste Zimmer aufgemacht. Ich bin ich und du
bist du: Was immer wir füreinander gewesen sind,
das gilt auch weiter.

Henry Scott Holland

Wenn ich tot bin,
darfst du gar nicht trauern,
meine Liebe wird mich überdauern
und in fremden Kleidern dir begegnen und dich segnen.
Lebe, lache gut! Mache deine Sache gut!

Joachim Ringelnatz

Was man tief in seinem Herzen besitzt,
das kann man nicht verlieren.

Ludwig Ganghofer

Auch ihr seid jetzt traurig. Aber ich
werde euch wiedersehen. Da wird sich
euer Herz freuen und eure Freude
nimmt euch niemand weg.

Die Bibel, Johannes 16,22

Mögen sich die Wege vor deinen Füßen ebnen,
möge der Wind in deinem Rücken sein.
Und bis wir uns wiederseh'n,
halte Gott seine schützende Hand über dich.

Möge die Sonne dir warm aufs Gesicht scheinen,
möge sanfter Regen deine Felder tränken.
Und bis wir uns wiederseh'n,
halte Gott seine schützende Hand über dich.

Möge dir nach dem Gewitter ein Regenbogen begegnen,
mögen die Sterne in der Nacht für dich leuchten.
Und bis wir uns wiederseh'n,
halte Gott seine schützende Hand über dich.

Irischer Reisesegen

Wenn du bei Nacht den Himmel anschaust,
wird es dir sein, als lachten alle Sterne,
weil ich auf einem von ihnen wohne,
weil ich auf einem von ihnen lache.
Du allein wirst Sterne haben, die lachen können!
Und wenn du dich getröstet hast, wirst du froh sein,
mich gekannt zu haben.

Antoine de Saint-Exupéry

Je schöner und voller die Erinnerung,
desto schwerer die Trennung.
Aber die Dankbarkeit verwandelt die Qual
der Erinnerung in eine stille Freude.
Man trägt das vergangene Schöne nicht
wie einen Stachel, sondern wie ein kostbares
Geschenk in sich.

Dietrich Bonhoeffer

Wer im Gedächtnis seiner Lieben lebt,
der ist nicht tot, der ist nur fern;
tot ist nur, wer vergessen wird.

Christian von Zedlitz

Du bist nicht mehr dort, wo du warst.
Aber du bist überall, wo wir sind.

Victor Hugo

Das, was dem Leben Sinn verleiht,
gibt auch dem Tod Sinn.

Antoine de Saint-Exupéry

Man muss die Menschen bei ihrer Geburt
beweinen, nicht nach ihrem Tode.

Charles-Louis de Secondat Montesquieu

Ich glaube, dass wenn der Tod unsere
Augen schließt, wir in einem Lichte stehen,
von welchem unser Sonnenlicht nur
der Schatten ist.

Arthur Schopenhauer

Niemand kennt den Tod,
und niemand weiß,
ob er für den Menschen nicht
das allergrößte Glück ist.

Sokrates

Der Tod ist die uns zugewandte Seite jenes Ganzen,
dessen andere Seite Auferstehung heißt.

Romano Guardini

Nur das Unbekannte schreckt den Menschen.
Für jeden aber, der sich ihm stellt, ist es schon
nicht mehr das Unbekannte.

Antoine de Saint-Exupéry

Der Tod
der Geliebten

Er wusste nur vom Tod, was alle wissen:
dass er uns nimmt und in das Stumme stößt.
Als aber sie, nicht von ihm fortgerissen,
nein, leis aus seinen Augen ausgelöst,

hinüberglitt zu unbekannten Schatten,
und als er fühlte, dass sie drüben nun
wie einen Mond ihr Mädchenlächeln hatten
und ihre Weise wohlzutun:

da wurden ihm die Toten so bekannt,
als wäre er durch sie mit einem jeden
ganz nah verwandt; er ließ die andern reden

und glaubte nicht und nannte jenes Land
das gut gelegene, das immersüße –
und tastete es ab für ihre Füße.

Rainer Maria Rilke

Die Erinnerung ist das einzige Paradies, aus dem
wir nicht vertrieben werden können.

Jean Paul

Durch das Verlieren sind wir recht eigentlich eingeführt
ins Ganze, der Tod ist nur ein unerbittliches Mittel, uns
auch mit der uns abgekehrten Seite unseres Daseins
vertraut, vertraulich zu machen.

Rainer Maria Rilke

Man lebt zweimal: das erste Mal in der Wirklichkeit,
das zweite Mal in der Erinnerung.

Honoré de Balzac

Einsamkeit
und Trost

Es gibt nichts, was uns die Abwesenheit eines lieben Menschen ersetzen kann; und man soll das auch gar nicht versuchen, man muss es einfach aushalten und durchhalten. Das klingt zunächst sehr hart, aber es ist doch zugleich ein großer Trost, denn indem die Lücke wirklich unausgefüllt bleibt, bleibt man durch sie miteinander verbunden.

Dietrich Bonhoeffer

Warum wollen Sie irgendein Weh, irgendeine Schwermut von Ihrem Leben ausschließen, da Sie doch nicht wissen, was diese Zustände an Ihnen arbeiten? Warum wollen Sie sich mit der Frage verfolgen, woher das alles kommen mag und wohin es will? Da Sie doch wissen, dass Sie in den Übergängen sind und nichts so sehr wünschten, als sich zu verwandeln.

Rainer Maria Rilke

Auch das ist Kunst,
ist Gottes Gabe,
aus ein paar sonnenhellen Tagen
sich so viel Licht ins Herz zu tragen,
dass, wenn der Sommer längst verweht,
das Leuchten immer noch besteht.

Johann Wolfgang von Goethe

Synthese

Manchmal wird es sein,
dass ich bei einer Greisin sitze
und an dieser Küste
mir eine Kindheit bereite.

Vergilbtes Schweigen
bekränzt unsere Stirnen,
und mit Toten
bevölkern wir die Stunden.

Ich bin so hoch über den Dächern –
mein Dunkles weint hier leiser,
und meine Tränen
sind der Balsam grüner Moose.

Elisabeth Joest

Hast du noch nie bemerkt, wie verachtete, geringe
Dinge sich erholen, wenn sie in die breiten zärtlichen
Hände eines Einsamen geraten? Wie kleine Vögel sind
sie, denen die Wärme wiederkehrt, sie rühren sich,
wachen auf, und ein Herz beginnt in ihnen zu schlagen,
das wie die äußerste Welle eines mächtigen Meeres in
den horchenden Händen steigt und fällt.

Rainer Maria Rilke

Ich habe in meinem Leben viele kluge und gute Bücher
gelesen. Aber ich habe in ihnen allen nichts gefunden,
was mein Herz so still und froh gemacht hätte, wie die
vier Worte aus dem 23. Psalm: Du bist bei mir.

Immanuel Kant

Der Herr ist mein Hirte, ich
leide nicht Not; auf grünender Weide
lässt er mich lagern.
Er führt mich an Wasser der Ruhe,
Erquickung spendet er meiner Seele.
Er leitet mich auf dem rechten
Pfad, getreu seinem Namen.
Und muss ich auch wandern im
finsteren Tal, ich fürchte kein Unheil,
denn du bist bei mir.
Dein Stock und dein Hirtenstab,
die geben mir Zuversicht.

Die Bibel, Psalm 23

Komm, Trost der Welt

Komm, Trost der Welt, du stille Nacht!
Wie steigst du von den Bergen sacht,
die Lüfte alle schlafen,
ein Schiffer nur noch, wandermüd,
singt übers Meer sein Abendlied
zu Gottes Lob im Hafen.

Die Jahre wie die Wolken geh'n
und lassen mich hier einsam steh'n,
die Welt hat mich vergessen,
da tratst du wunderbar zu mir,
wenn ich beim Waldesrauschen hier
gedankenvoll gesessen.

O Trost der Welt, du stille Nacht!
Der Tag hat mich so müd gemacht,
das weite Meer schon dunkelt,
lass ausruh'n mich von Lust und Not,
bis dass das ewige Morgenrot
den stillen Wald durchfunkelt.

Joseph von Eichendorff

Trost

Ja, mein Glück, das lang gewohnte,
endlich hat es mich verlassen!
Ja, die liebsten Freunde seh' ich
achselzuckend von mir weichen,
und die gnadenreichen Götter,
die am besten Hülfe wüssten,
kehren höhnisch mir den Rücken.
Was beginnen? Werd' ich etwa,
meinen Lebenstag verwünschend,
rasch nach Gift und Messer greifen?
Das sei ferne! Vielmehr muss man
stille sich im Herzen fassen.

Und ich sprach zu meinem Herzen:
Lass uns fest zusammenhalten!
Denn wir kennen uns einander,
wie ihr Nest die Schwalbe kennet,
wie die Zither kennt den Sänger,
wie sich Schwert und Schild erkennen,
Schild und Schwert einander lieben.
Solch ein Paar, wer scheidet es?

Als ich dieses Wort gesprochen,
hüpfte mir das Herz im Busen,
das noch erst geweinet hatte.

Eduard Mörike

Wenn in bangen trüben Stunden

Wenn in bangen trüben Stunden
unser Herz beinah verzagt,
wenn von Krankheit überwunden
Angst in unserm Innern nagt;
wir der Treugeliebten denken,
wie sie Gram und Kummer drückt,
Wolken unsern Blick beschränken,
die kein Hoffnungsstrahl durchblickt:

O! Dann neigt sich Gott herüber,
seine Liebe kommt uns nah,
sehnen wir uns dann hinüber,
steht sein Engel vor uns da,
bringt den Kelch des frischen Lebens,
lispelt Mut und Trost uns zu;
und wir beten nicht vergebens
auch für die Geliebten Ruh.

Novalis

Im Grunde kann keiner im Leben dem anderen helfen; das erfährt man immer wieder in jedem Konflikt und jeder Verwirrung: dass man allein ist. Das ist nicht so schlimm, wie es auf den ersten Blick scheinen mag; es ist auch wieder das Beste im Leben, dass jeder alles in sich selbst hat: sein Schicksal, seine Zukunft, seine ganze Weite und Welt. Nun gibt es freilich Momente, wo es schwer ist, in sich zu sein und innerhalb des eigenen Ichs auszuhalten; es geschieht, dass man gerade in den Augenblicken, da man fester und – fast müsste man sagen – eigensinniger denn je an sich festhalten sollte, sich an etwas Äußeres anschließt, während wichtige Ereignisse den eigenen Mittelpunkt aus sich heraus in Fremdes, in einen anderen Menschen verlegen. Das ist gegen die allereinfachsten Gesetze des Gleichgewichts, und es kann nur Schweres dabei herauskommen.

Rainer Maria Rilke

Ein Einziges, Dringendes tut not: sich irgendwo an die Natur, ans Starke, ans Strebende, ans Helle mit unbedingter Bereitschaft anzuschließen und in einem arglosen Sinne vorwärts zu wirken, sei es im Geringsten, im Täglichsten. Mit jedem freudigen Zugreifen, mit jedem Ausblick in die noch unangebrochenen Fernen verwandeln wir nicht allein diesen und den nächsten Moment, wir schaffen auch das Vergangene in uns um, weben es uns ein, lösen den Fremdkörper des Schmerzes auf, von dem wir ja doch nicht wissen, woraus er besteht, und wie viel Lebensantrieb er, aufgelöst, unserem Blute mitteilt!

Rainer Maria Rilke

Der Schmerz ist ein heiliger Engel,
und durch ihn sind Menschen größer geworden
als durch alle Freuden der Welt.

Adalbert Stifter

Auferstehung ist unser Glaube,
Wiedersehen unsere Hoffnung,
Gedenken unsere Liebe.

Aurelius Augustinus

Gott hilft uns nicht immer am Leiden vorbei,
aber er hilft uns hindurch.

Johann Albrecht Bengel

Trost

Tröste dich, die Stunden eilen,
und was all dich drücken mag,
auch das Schlimmste kann nicht weilen
und es kommt ein andrer Tag.
In dem ew'gen Kommen, Schwinden
wie der Schmerz liegt auch das Glück.
Und auch heit're Bilder finden
ihren Weg zu dir zurück.
Harre, hoffe. Nicht vergebens
zählest du der Stunden Schlag.
Wechsel ist das Los des Lebens
und – es kommt ein andrer Tag.

Theodor Fontane

Wenn alle Türen geschlossen
und die Fenster verdunkelt sind,
darfst du nicht glauben,
allein zu sein.
Denn Gott ist bei dir
und dein Schutzengel.

Epiktet

Findet ihr den Trost nicht in der Nähe,
so erhebt euch und sucht ihn immer höher.

Jean Paul

Möge die Härte dein Herz
niemals in Stein verwandeln,
wenn die Zeiten auch hart sind.
Mögest du niemals vergessen,
auch wenn dich Schatten umgeben:
Du gehst nicht allein.

Irischer Segenswunsch

Halt und
Hoffnung

Wenn uns ein Gegenstand der Liebe aus diesem Leben entrückt ist, so empfindet das Herz oft eine unermessliche Vereinsamung. Trostgründe sind da unrecht angebracht, sie füllen die Leere nicht aus; aber Liebe, die uns entgegenkommt, verhüllt doch wenigstens den Abgrund.

Adalbert Stifter

Gottes Wege sind dunkel, aber das Dunkel liegt nur auf unseren Augen, nicht auf seinen Wegen.

Matthias Claudius

Gegen die Schmerzen der Seele gibt es nur zwei Heilmittel: Hoffnung und Geduld.

Pythagoras

Es gibt viel Trauriges in der Welt und viel Schönes.
Manchmal scheint das Traurige mehr Gewalt zu haben,
als man ertragen kann; dann stärkt sich indessen leise
das Schöne und berührt wieder unsere Seele.

Hugo von Hofmannsthal

Anfangs wollt ich fast verzagen
und ich glaubt, ich trüg es nie;
und ich hab es doch getragen,
aber fragt mich nur nicht: Wie?

Heinrich Heine

Die Hoffnung ist wie ein Sonnenstrahl,
der in ein trauriges Herz dringt.
Öffne es weit und lass sie hinein.

Christian Friedrich Hebbel

Und so hebe dich denn
aus den Nebeln des Grams
auf des Selbstvertrauens
mächtigen Fittichen
aufwärts,
bis du dir selber
mit all deinem Leide
klein wirst,
groß wirst
über dir selber
und all deinem Leide.

Christian Morgenstern

Trost

Mir wuchs aus Sorgen und Schmerzen
in Kummers Nacht
ein Reis. Das hat meinem Herzen
die Ruhe wiedergebracht.

Der Kummer wird wie ein Feuer
allmählich verglüh'n,
kommt dann vielleicht ein neuer,
aber das Reis wird nimmer verblüh'n.

Joachim Ringelnatz

Jetzt bleiben Glaube, Hoffnung,
Liebe, diese drei; doch am größten unter
ihnen ist die Liebe.

1. Korinther 13,13

Die Liebe ist stärker als der Tod und die Schrecken des Todes. Allein die Liebe erhält und bewegt unser Leben.

Iwan Turgenjew

Die Hoffnung ist der Regenbogen über den herabstürzenden Bach des Lebens.

Friedrich Wilhelm Nietzsche

Es ist auf Erden keine Nacht,
die nicht noch ihren Schimmer hätte,
so groß ist keines Unglücks Macht,
ein Blümlein hängt an seiner Kette!
Ist nur das Herz vom rechten Schlage,
so baut es sich ein Sternenhaus
und schafft die Nacht zum hellen Tage,
wo sonst nur Asche, Schutt und Graus.

Gottfried Keller

Aller Aufgaben Aufgabe ist: Geringes in Großes
umzuwandeln, Unscheinbares in Scheinendes; ein
Stäubchen so zu zeigen, dass man es im Ganzen
gehalten sieht; dass man es nicht sehen kann, ohne
zugleich alle Sterne zu sehen und der Himmel tiefen
Zusammenhang, in den es innig mit hineingehört.

Rainer Maria Rilke

Blick in den Strom

Sahst du ein Glück vorübergeh'n,
das nie sich wiederfindet,
ist's gut, in einen Strom zu seh'n,
wo alles wogt und schwindet.

O, starre nur hinein, hinein;
du wirst es leichter missen,
was dir, und soll's dein Liebstes sein,
vom Herzen ward gerissen.

Blick unverwandt hinab zum Fluss,
bis deine Tränen fallen,
und sieh durch ihren warmen Guss
die Flut hinunterwallen.

Hinträumend wird Vergessenheit
des Herzens Wunde schließen;
die Seele sieht mit ihrem Leid
sich selbst vorüberfließen.

Nikolaus Lenau

Was wäre das Leben ohne Hoffnung?
Ein Funke, der aus der Kohle springt und
verlischt, und wie man bei trüber Jahreszeit
einen Windstoß hört, der einen Augenblick
saust und dann verhallt, so wäre es mit uns.
Es lebte nichts, wenn es nicht hoffte.

Friedrich Hölderlin

Zeit
ist der größte Tröster,
sie trägt auf ihrem Rücken
noch alle Umwälzungen heim,
sie trocknet die bittersten Tränen,
indem sie uns neue Wege zeigt
und neue Stimmen an unser
Ohr bringt.

Ralph Waldo Emerson

Sei's in Jahren, sei's schon morgen,
dass das Glück sich wende:
Einmal nehmen Leid und Sorgen
sicherlich ein Ende.

Mensch, vertraue deinem Wollen,
wirk es aus zu Taten!
Ströme fließen, Wolken rollen,
Frucht entkeimt den Saaten.

Über Nöten und Gefahren
wird die Freude thronen –
sei's schon morgen, sei's in Jahren
oder in Äonen.

Erich Mühsam

Wenn etwas uns fortgenommen wird,
womit wir tief und wunderbar zusammenhängen,
so ist viel von uns selbst mit fortgenommen.
Gott aber will, dass wir uns wiederfinden –
reicher um alles Verlorene und vermehrt
um jenen unendlichen Schmerz.

Rainer Maria Rilke

Die Zeit »tröstet« ja nicht, wie man oberflächlich sagt, sie räumt höchstens ein, sie ordnet ...

Nicht sich trösten wollen über einen Verlust müsste unser Instinkt sein, vielmehr müsste es unsere tiefe schmerzhafte Neugierde werden, ihn ganz zu erforschen, die Besonderheit, die Einzigartigkeit gerade dieses Verlustes, seine Wirkung innerhalb unseres Lebens zu erfahren, ja wir müssten die edle Habgier aufbringen, gerade um ihn, um seine Bedeutung und Schwere, unsere innere Welt zu bereichern ...

Ein solcher Verlust ist, je tiefer er uns trifft und je heftiger er uns angeht, desto mehr eine Aufgabe, das nun im Verlorensein hoffnungslos Betonte neu, anders und endgültig in Besitz zu nehmen: dies ist dann unendliche Leistung, die alles Negative, das dem Schmerz anhaftet, alle Trägheit und Nachgiebigkeit, die immer einen Teil des Schmerzes ausmacht, auf der Stelle überwindet, dies ist tätiger, innen wirkender Schmerz, der einzige, der Sinn hat und unser würdig ist.

Rainer Maria Rilke

Der Schmerz ist der große
Lehrer des Menschen.
Unter seinem Hauche
entfalten sich die Seelen.

Marie von Ebner-Eschenbach

Herbst

Die Blätter fallen, fallen wie von weit,
als welkten in den Himmeln ferne Gärten;
sie fallen mit verneinender Gebärde.

Und in den Nächten fällt die schwere Erde
aus allen Sternen in die Einsamkeit.

Wir alle fallen. Diese Hand da fällt.
Und sieh dir andre an: es ist in allen.

Und doch ist Einer, welcher dieses Fallen
unendlich sanft in seinen Händen hält.

Rainer Maria Rilke

Ich lebe mein Leben in wachsenden Ringen,
die sich über die Dinge zieh'n.
Ich werde den letzten vielleicht nicht vollbringen,
aber versuchen will ich ihn.

Rainer Maria Rilke

Das, was wir Tod nennen,
ist in Wahrheit
der Anfang des Lebens.

Thomas Carlyle

Von guten Mächten treu und still umgeben,
behütet und getröstet wunderbar,
so will ich diese Tage mit euch leben
und mit euch gehen in ein neues Jahr.

Noch will das alte unsre Herzen quälen,
noch drückt uns böser Tage schwere Last.
Ach Herr, gib unsern aufgeschreckten Seelen
das Heil, für das du uns geschaffen hast.

Und reichst du uns den schweren Kelch, den bittern
des Leids, gefüllt bis an den höchsten Rand,
so nehmen wir ihn dankbar ohne Zittern
aus deiner guten und geliebten Hand.

Doch willst du uns noch einmal Freude schenken
an dieser Welt und ihrer Sonne Glanz,
dann woll'n wir des Vergangenen gedenken,
und dann gehört dir unser Leben ganz.

Lass warm und hell die Kerzen heute flammen,
die du in unsre Dunkelheit gebracht,
führ, wenn es sein kann, wieder uns zusammen.
Wir wissen es, dein Licht scheint in der Nacht.

Wenn sich die Stille nun tief um uns breitet,
so lass uns hören jenen vollen Klang
der Welt, die unsichtbar sich um uns weitet,
all deiner Kinder hohen Lobgesang.

Von guten Mächten wunderbar geborgen,
erwarten wir getrost, was kommen mag.
Gott ist bei uns am Abend und am Morgen
und ganz gewiss an jedem neuen Tag.

Dietrich Bonhoeffer

Was den Einfluss des Todes eines nahestehenden Menschen auf diejenigen betrifft, die er zurücklässt, so scheint mir schon seit Langem, als dürfte das kein anderer sein als der einer höheren Verantwortung; überlässt der Hingehende nicht sein hundertfach Begonnenes denen, die ihn überdauern, als Fortzusetzendes, wenn sie einigermaßen ihm innerlich verbunden waren? Ich habe in den letzten Jahren so viel nahe Todeserfahrungen erlernen müssen, aber es ist mir keiner genommen worden, ohne dass ich nicht die Aufgaben um mich herum vermehrt gefunden hätte. Die Schwere dieses Unaufgeklärten und vielleicht Allergrößten, das nur durch ein Missverständnis in den Ruf gekommen ist, willkürlich und grausam zu sein, drückt uns gleichmäßiger und tiefer ins Leben hinein und legt uns die äußersten Verpflichtungen auf die langsam wachsenden Kräfte.

Rainer Maria Rilke

Ich habe Söhne kennengelernt, die zu mir sagten:
»Mein Vater ist gestorben, bevor er damit fertig war,
den linken Flügel seines Hauses zu bauen. Ich baue
ihn. Bevor er damit fertig war, seine Bäume zu pflanzen.
Ich pflanze sie. Mein Vater ist gestorben mit dem
Vermächtnis, sein Werk fortzuführen. Ich führe es fort.
Oder seinem König treu zu bleiben. Ich bin treu.«
Und ich hatte in jenen Häusern keineswegs das Gefühl,
der Vater sei gestorben.

Antoine de Saint-Exupéry

Man muss nie verzweifeln, wenn einem etwas verloren geht, ein Mensch oder eine Freude oder ein Glück; es kommt alles noch herrlicher wieder. Was abfallen muss, fällt ab; was zu uns gehört, bleibt bei uns, denn es geht alles nach Gesetzen vor sich, die größer als unsere Einsicht sind und mit denen wir nur scheinbar im Widerspruch stehen. Man muss in sich selber leben und an das ganze Leben denken, an alle seine Millionen Möglichkeiten, Weiten und Zukünfte, dem gegenüber es nichts Vergangenes und Verlorenes gibt.

Rainer Maria Rilke

© Verlag Herder GmbH, Freiburg im Breisgau 2021
Alle Rechte vorbehalten
www.herder.de

Umschlagkonzeption: Verlag Herder
Covermotiv: © KY, Sandra M/GettyImages
Innengestaltung und Satz: Sandra Hacke, Dachau

Bildnachweis: © Sandra M/GettyImages, Anna Filippenok/shutterstock.com,
Anastasia Lembrik/shutterstock.com, Anastasia Nio/shutterstock.com,
arxichtu4ki/shutterstock.com, asya_su/shutterstock.com, Daria Doroshchuk/
shutterstock.com, Depiano/shutterstock.com, Eisfrei/shutterstock.com,
krisArt/shutterstock.com, KY/GettyImages, Le Panda/shutterstock.com, Lora
Oblovatnaya/shutterstock.com, Nataliya Ilnitska/shutterstock.com, Sandra M/
shutterstock.com, vvoe/shutterstock.com, Yuliya Derbisheva VLG/
shutterstock.com

Herstellung: Graspo, Zlín
Gedruckt auf umweltfreundlichem, chlorfrei gebleichtem Papier
Printed in the Czech Republic

ISBN 978-3-451-03335-3

Der Gedanke
an die Veränderlichkeit
aller irdischen Dinge
ist ein Quell unendlichen Leids
und ein Quell unendlichen Trostes.

Marie von Ebner-Eschenbach

Herz, mein Herz, sei nicht beklommen
und ertrage dein Geschick.
Neuer Frühling gibt zurück,
was der Winter dir genommen.
Und wie viel ist dir geblieben!
Und wie schön ist noch die Welt!
Und, mein Herz, was dir gefällt,
alles, alles, darfst du lieben.

Heinrich Heine